너 왜 울어?

바실리스 알렉사키스 글

1943년 그리스 아테네에서 태어나 어린 시절을 산토리니 섬에서 보냈다. 1961년 장학금을 받아 프랑스의 저널리즘 학교에 입학했으나 3년 후 군복무를 위해 그리스로 돌아왔다. 1967년 군사정권에 의해 강제 추방되어 파리에서 저널리스트로서 망명 생활을 시작한다. 1974년 첫 소설 『샌드위치 Le sandwich』를 프랑스어로 썼고, 1982년에 『탈고 Talgo』를 그리스어로 쓰고 프랑스어로 직접 번역했다. 1992년 『아방트 Avant』로 알베르 카뮈 상을, 1996년 『모국어 La langue maternelle』로 프랑스의 권위 있는 문학상인 메디치 상을, 2007년 『Ap. J.-C.』로 아카데미 프랑세스 그랑프리를 받는 등 여러 상을 받았다. 프랑스어와 그리스어로 작품을 쓰는 동시에 4편의 영화를 찍고 드로잉 모음집도 출간했다. 현재 아테네와 파리를 오가며 살고 있다.

장-마리 앙트낭 그림

1961년 불가리아 바르나에서 태어났다. 스위스 제네바의 장식예술학교에서 레터프레스, 실크스크린, 에칭 등 인쇄 기술을 공부하고, 1986년에 레터프레스 스튜디오를 열었다. 텍스트와 이미지의 관계에 대해 지속적인 관심을 갖고, 바실리스 알렉사키스를 비롯한 여러 작가들과 텍스트를 시각적으로 형상화하는 작품들을 함께했다. 직접 글을 쓰고 일러스트를 그리는 한편, 2001년 제네바에 출판사를 설립했다. 존 암리더, 아네트 메사제, 클로드 레베크 등 각광받는 현대 미술가들과 함께 아이와 어른을 위한 그림책 및 제네바에 거주하는 예술가들에 관한 미술서 등을 출간했다. 작가이자 일러스트레이터로 현재 10여 권의 책을 펴냈다.

전성희 옮김

1970년 충북 청주에서 태어났다. 캐나다 요크 대학교에서 문예창작을 전공하고, 프랑스 몽펠리에 대학교 어학원에서 프랑스어를 공부했다. 현재 에이전시를 운영하며 다양한 문화 컨텐츠를 소개하는 동시에 책을 원작으로 하는 영화를 제작하는 데 힘쓰고 있다.

Pourquoi tu pleures?
© 2001 Vassilis Alexakis, Jean-Marie Antenen
Korean translation © 2009 Bookhouse Publishers Co., Ltd. All rights reserved.
This Korean edition was published by arrangement with Editions Quiquandquoi through Madi Agency, Seoul.

이 책의 한국어판 저작권은 마디 에이전시를 통한 Editions Quiquandquoi사와 독점계약으로 (주)북하우스 퍼블리셔스에 있습니다. 저작권법에 의해 한국 내에서 보호를 받는 저작물이므로 무단전재와 무단복제를 금합니다.

너 왜 울어?

1판 1쇄 2009년 10월 26일 1판 16쇄 2024년 6월 1일 글 바실리스 알렉사키스 그림 장-마리 앙트낭
옮긴이 전성희 펴낸이 김정순 책임편집 고우리 디자인 홍지숙 마케팅 이보민 양혜림 손아영
펴낸곳 (주)북하우스 퍼블리셔스 출판등록 1997년 9월 23일 제 406-2003-055호
주소 04043 서울시 마포구 양화로 12길 16-9(서교동 북앤빌딩) 홈페이지 www.bookhouse.co.kr
이메일 editor@bookhouse.co.kr 전화번호 (02) 3144-3123 팩스 (02) 3144-3121

어린이제품 안전특별법에 의한 기타표시사항
제품명 도서 | 제조자명 (주)북하우스 퍼블리셔스 | 제조국명 한국 | 전화번호 02-3144-3123
주소 04043 서울시 마포구 양화로 12길 16-9 | 제조년월 2024년 6월 | 사용 연령 4세 이상

너 왜 울어?

바실리스 알렉사키스 글 | 장-마리 앙트낭 그림
전성희 옮김

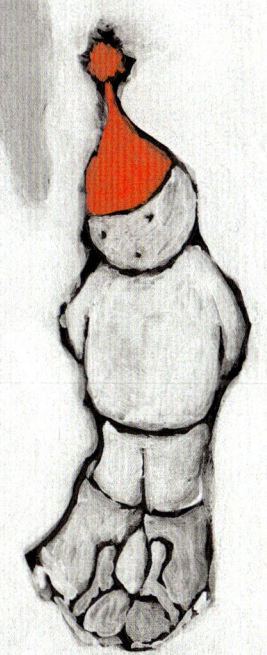

북하우스

코트 입어!

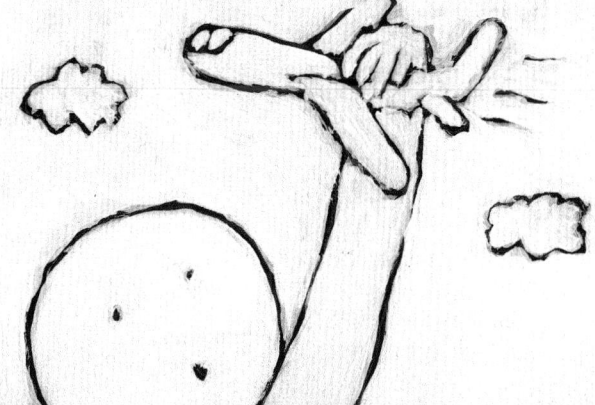

장화 어디 있니?

어서 가서 장화 찾아와!

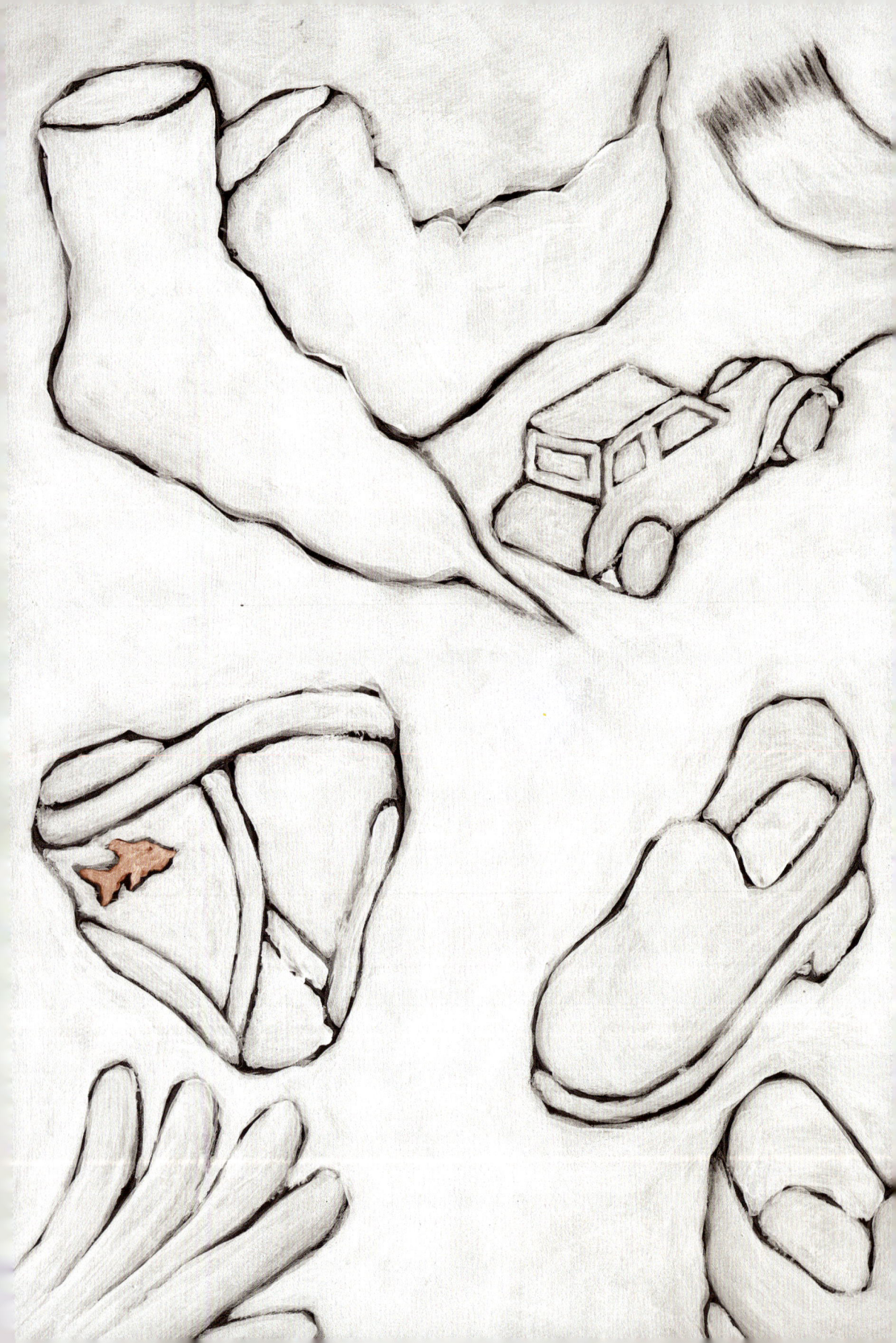

장화 못 찾아오면 엉덩이 한 대 맞고 우리 그냥 집에 있는 거다! ☚

그냥 집에 있었으면 좋겠어?
엄마는 나가고 싶은 마음이 진짜 눈곱만큼도 없는 거
너도 알지?

하필 날씨는 또 이게 뭐야.
엄마는 집에서 해야 할 일도 잔뜩 있는데, 정말이지.

아니지, 집에 있는 건 당연히 싫겠지…….

자, 그럼 어서 가서 장화나 찾아와!
그래, 찾았어?

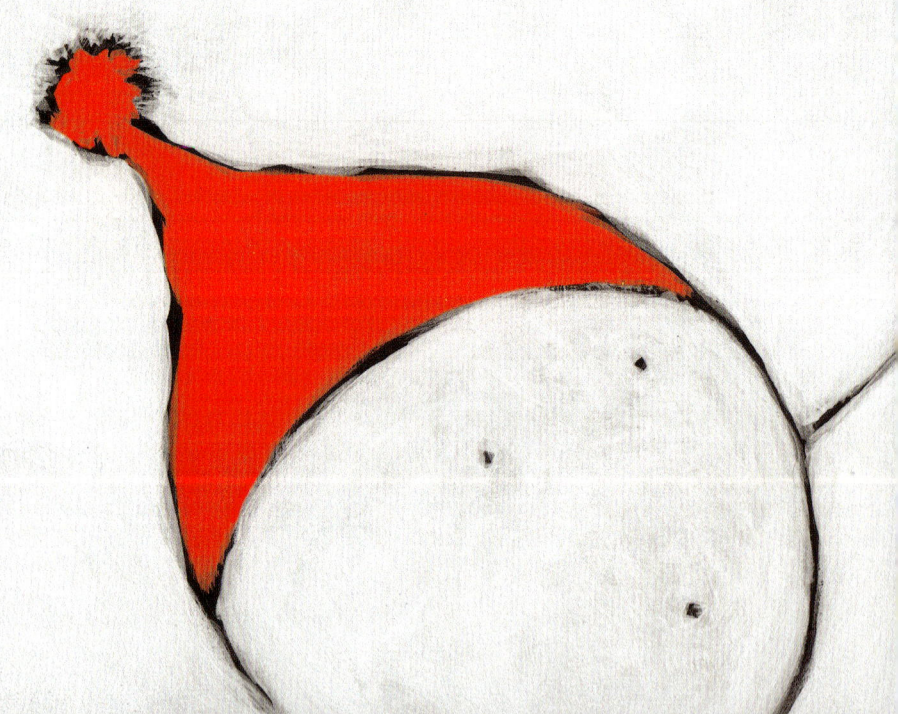

문 열지 마!
엄마는 아직 준비 다 못 한 거 뻔히 보면서 그래,
안 보여?

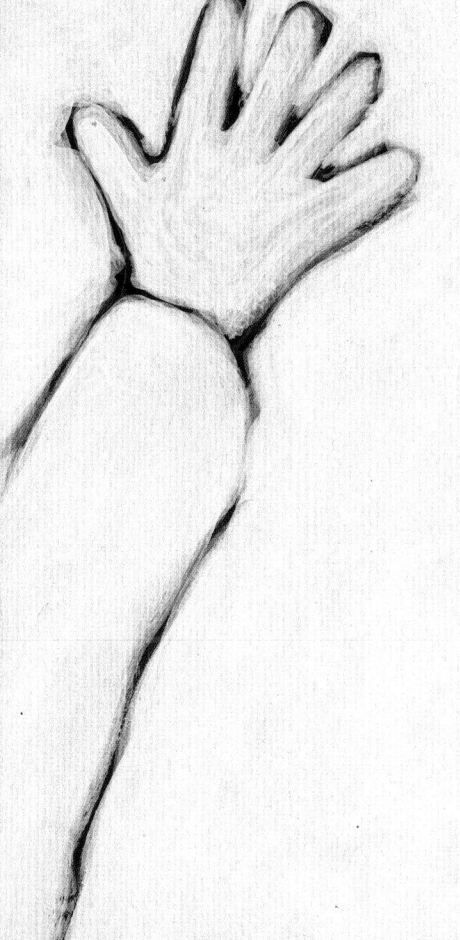

됐다, 이제 가자. 어, 열쇠가 어디 갔지?
너 혹시 엄마 열쇠 못 봤니?
분명히 식탁 위에 있었는데.
아, 아니다, 여기 있다.
가자. 손 줘.

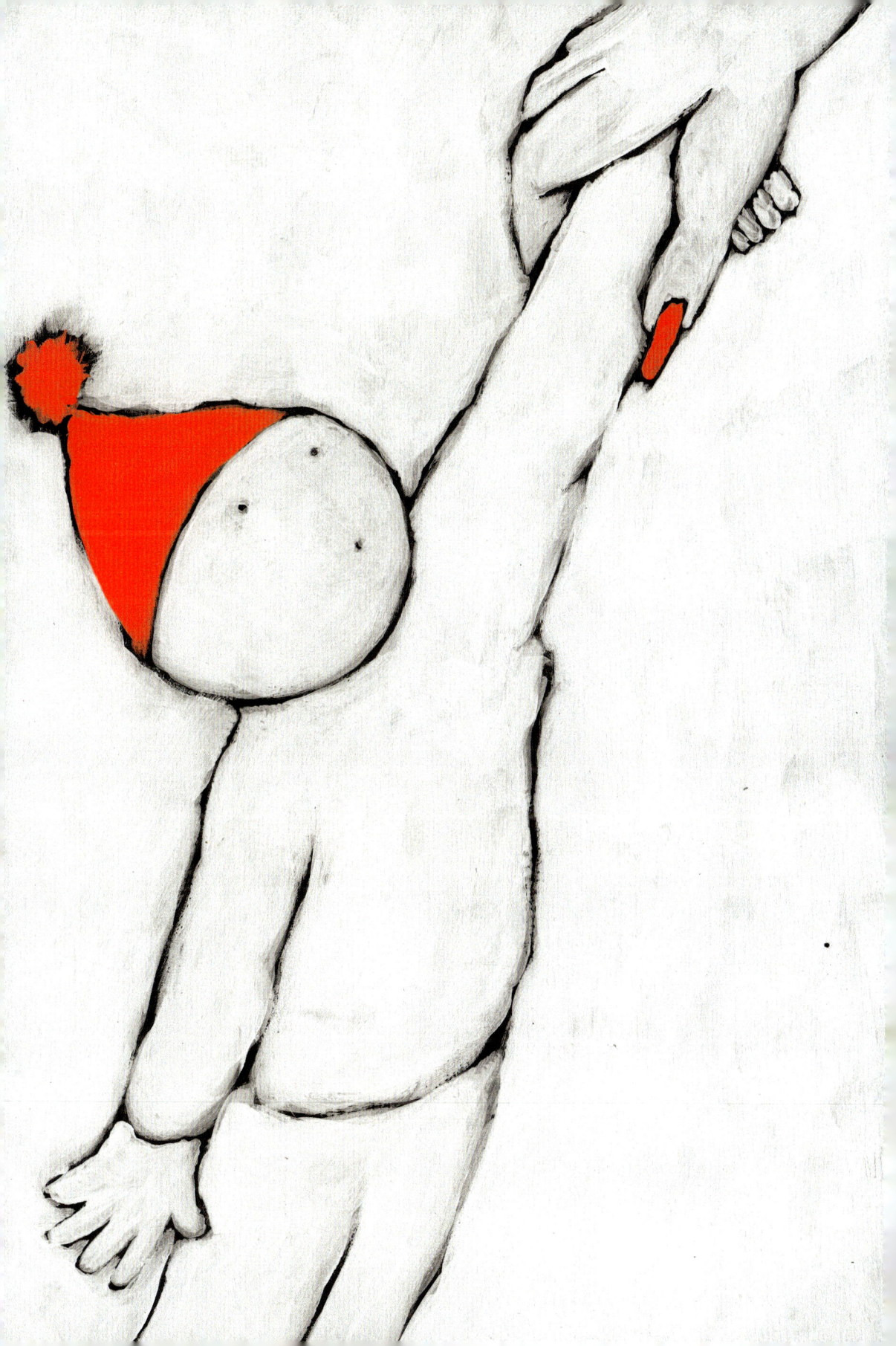

빨리 좀 걸어! 시간이 별로 없어.
그 끈 버려! 엄마가 땅바닥에 떨어진 건
아무것도 줍지 말라고 백 번도 넘게 말했지.
땅바닥엔 세균이 득실득실하단 말이야.
너 병 걸려서 의사 선생님한테 가고 싶어?
엄마가 집에 가서 끈 하나 줄게, 얌전하게 굴면. 진짜야.

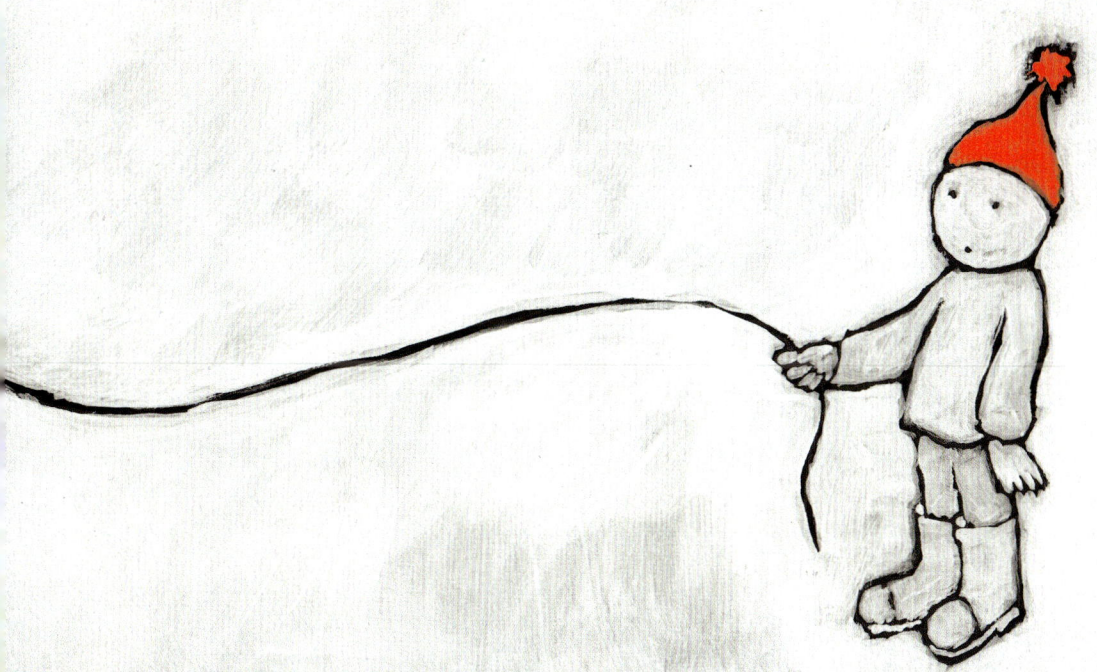

또 뭐? 슈크림 빵? 엄마 말 잘 들으면 이따 집에 갈 때 사줄게.

물 있는 데로 걷지 마! 너 꼭 일부러 엄마가 하는 말, 반대로만 하는 것 같다!

자, 이제 가서 놀아. 엄마는 여기 있을게. 너무 멀리 가지 마, 알았지?

엄마가 볼 수 있는 데서 놀아.

모래에서 그렇게 뒹굴지 마! 다친단 말이야!

그리고 엄마는 평생 네 옷이나 빨면서 살고 싶진 않거든.

지금 하는 일만으로도 충분하다고.

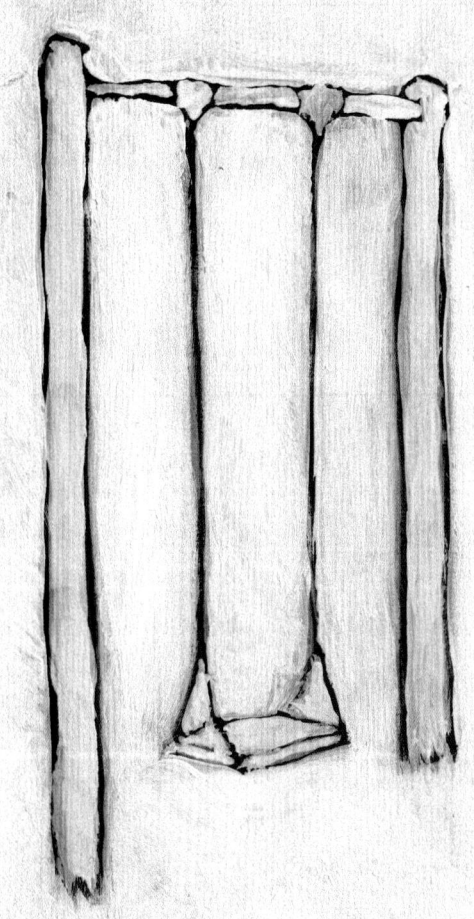

너 그 공 어디서 났어? 저 애한테 돌려줘!
그 공 당장 돌려주지 못해!
아휴, 아주머니, 죄송해요.
우리 애가 꼭 남의 장난감 가지고 노는 것만 좋아해서요.
네 삽이랑 양동이 갖고 놀아.
너 삽 잃어버린 거야?

모래 속에 어디 있겠지, 찾아봐.
삽이 바늘도 아니고,
그렇게 없어지는 물건이 아니잖아.
어서 찾아봐!
찾아보지도 않고 가만히 있으면 어떻게 찾을 건데?
또 찾으란다고 그 모래바닥에 엎어질 것까지는 없잖아!

너 손에 뭘 또 주웠어? 엄마가 보자!

아이, 징그러워, 징그러워! 당장 버려!

세상에 지렁이보다 더 징그러운 건 없을 거야.

우리 금방 갈 거니까 삽이랑 양동이 갖고 얼른 가서 놀아.

아빠 오시려면 얼마 안 남았어.

손가락으로 콧구멍 만지지 마!

코 닦고 싶으면 손수건으로 닦아.

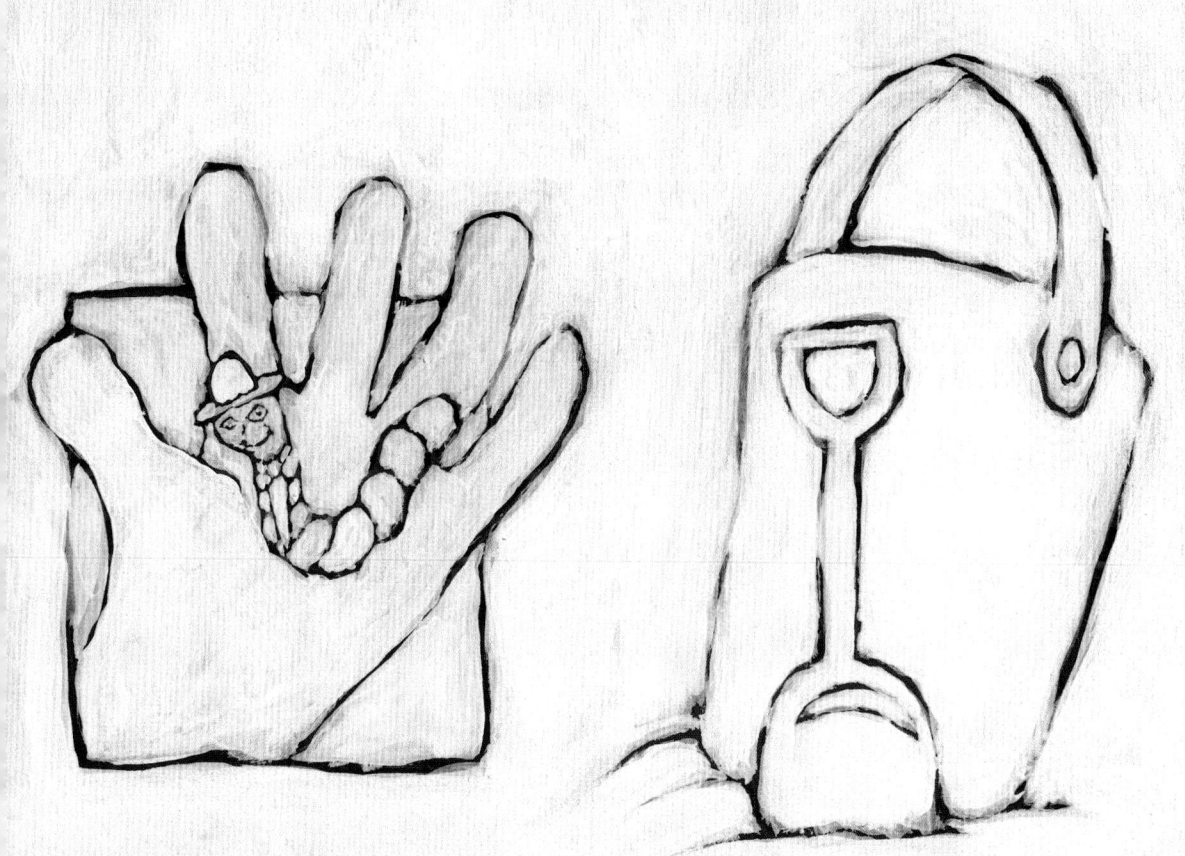

가자. 봐,
저 애도 자기 엄마랑 집에 가네.
아주머니, 안녕히 가세요!
엄마가 이리 오라고 했지?
너 말 안 들을래?
그럼 좋아, 슈크림 빵 안 사줄 거야!
너 옷 꼴이 이게 뭐니!
자, 손 이리 내.
꼭 잡아!
왜 또 징징거리는 건데?
알았어, 슈크림 빵 사줄게.
제발 그만 좀 징징거려.
엄마 그거 감당 안 되거든!
이제 그만 하라고!
그리고 빨리 좀 걸어,
이러고 까먹을 시간 없으니까.

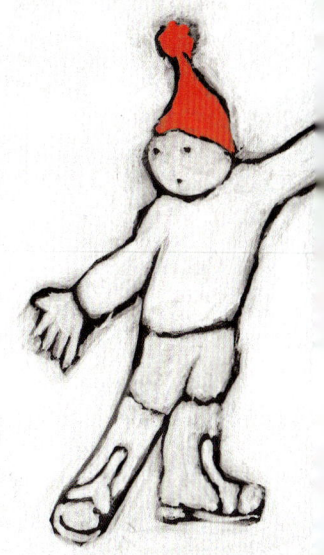

슈크림 빵 하나 주세요.
고맙습니다.
그렇게 잡지 마, 코트 더러워져.
코트 더럽히면 엉덩이 맞을 줄 알아!
그리고 아빠한테 다 일러줄 거야!
아빠가 가만히 안 계실걸.
너도 아빠가 화나시면 어떤지 잘 알지?
엘리베이터 버튼 절대로 누르지 말라고 엄마가 그랬지!

장화 벗어.
온 집 안에 모래 묻히고 돌아다니는 거
엄마는 진짜 싫어. 장화 당장 벗어!

너 왜 울어?

왜 그러는 건데?
네가 나가서 놀고 싶대서 밖에도 나갔다 왔고,
또 엄마가 슈크림 빵도 사줬는데
기분이 좋아서 웃어야지, 오히려 울어?

얘가 사람 돌게 만드네.

왜

울어?

도움의 글 | 서울대 심리학과 교수 곽금주

과연 당신은 어떤 엄마인가요?
"넌 왜 그러니?"에 약해지는 아이들 심리

인간은 태어나서 한동안 말을 하지 못하는 존재입니다. 아기infant라는 용어는 라틴어 *infas*에서 나왔다고 하는데, 이것은 '말을 안 하는'이라는 뜻입니다. 그러나 인간은 성장해가면서 말을 습득하게 되고 타인과 의사소통을 하는 사회적 존재로 발달합니다. 언어는 사고와도 관련 있어 언어가 제대로 형성되어야 사고가 발달합니다. 한편 언어 발달은 인지 발달을 촉진시키기도 합니다. 언어란 이렇게 인간의 사고 과정과 사회적 과정 모두에 영향을 주는 중요한 매개체입니다. 그런데 이런 과정에서 가장 큰 역할을 하는 것이 바로 양육자인 부모입니다. 부모의 언어는 아이의 언어 발달뿐만 아니라 인지 발달과 사회성 발달에도 영향을 줍니다. 특히 엄마가 하는 언어적 양육은 아이의 자신감과 자존감을 발달시키기도 하고, 아이를 자신 없고 불안한 존재로 만들기도 합니다.

엄마의 말 한마디가 아이에게 얼마나 큰 영향을 끼치는 걸까요?
맥클랜드란 심리학자는 성취동기가 높은 아이들의 특징은 무엇인가에 대해서 관심을 가졌습니다. 성취동기는 아이들로 하여금 무언가를 이루고자 여러 가지 행동을 수행하게 하는 잠재적 원동력입니다. 성취동기가 높은 아이로 키우기 위해서는 어떤 요소가 필요한지 궁금했습니다. 그래서 성취동기 검사를 한 다음, 성취동기가 높은 아이들과 그렇지 않은 아이들을 구분하고 각자 엄마와 함께 과제를 수행

  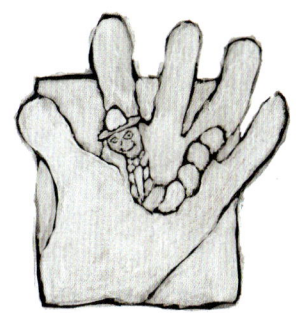

하게 하였습니다. 아이들의 눈을 가리고 아이들이 블록을 높이 쌓는 과제였는데, 이때 엄마는 절대 도와주어서는 안 되고 아이 옆에서 단지 말만을 할 수 있는 실험이었습니다. 맥클랜드는 이 과정에서 엄마가 아이에게 한 말을 분석해보았습니다. 결과는 어땠을까요?

성취동기가 높은 아이의 엄마들은 아이가 블록을 쌓고 있는 동안 긍정적인 말을 하였습니다. 잘 못할 때 비난하는 것이 아니라 "조금 더 해보자. 아 그래, 좀더 해보자. 넌 해낼 수 있어"와 같은 격려의 말을 보냈습니다. 그리고 잘 쌓고 있으면 "아주 잘하네. 훌륭해" 같은 칭찬의 말을 아끼지 않았습니다. 반면 성취동기가 낮은 아이의 엄마들은 부정적인 말을 많이 하였습니다. 아이가 잘하고 있을 때는 별 말이 없다가 아이가 실수를 하면 "그렇게 하면 어떻게 하니?" "거봐, 넌 너무 급해, 늘 그렇다니까"와 같은 비난의 말을 하였습니다.

또 한편, 맥클랜드는 실험 전에 미리 엄마에게 자기 아이가 몇 개나 쌓을 수 있을지를 물어보았는데, 이를 아이가 실제로 쌓은 블록 수와 비교해보았습니다. 성취동기가 높은 아이의 엄마들은 아이가 실제 쌓은 것보다 더 많이 쌓을 것이라고 기대하고 있었습니다. 반면 성취동기가 낮은 아이의 엄마들은 아이가 실제 수행한 것보다도 더 적게 쌓을 것이라고 생각하였습니다. "글쎄, 쟤가 몇 개나 할 수 있겠어요? 덜렁거리기나 하겠죠"라는 식이었습니다.

성취동기가 높은 아이의 엄마와 낮은 아이의 엄마가 하는 말은 달랐습니다. 아이의 성취동기에 영향을 주는 사람은 바로 엄마인 것입니다. 엄마가 아이에게 칭찬과 격려의 말을 하면 아이는 더욱 자신감이 생기고 성취하고자 하는 욕구도 강해집니다. 그러나 한마디씩 내뱉는 엄마의 부정적인 비난은 아이의 자존감을 낮게 만듭니다. 무언가를 해낼 수 있다는 자신감도 적어지면서 성취하고자 하는 욕구 또한 약해집니다.

신체적 폭력만이 학대가 아닙니다. 부모로부터 언어적 학대를 받은 아이들이 신체적 학대를 받은 아이들보다 실은 심리적으로 문제가 더 많다는 보고가 있습니다. 아이에게 거칠게 욕을 하고 빈정대고 업신여기는 말을 하는 경우, 아이들은 부정적 자기개념을 가지게 되고 자존감이 낮아지고 심하게는 우울증상을 보이기도 합니다. 무심코 던진 비아냥거림에도 어린 아이들의 마음은 상처받기 쉽습니다. "넌 능력이 안 돼." "넌 어쩔 수 없는 애구나"와 같은 부모로부터 들었던 말이 평생 그 사람의 발목을 붙잡는 경우가 많습니다.

같은 말이라도 부정문보다는 긍정문으로 바꿔 말해보세요. "장난감을 치우지 않으면 나가서 놀 수 없어"라는 말 대신에 "장난감을 치운 후에 나가 놀거라"라고 말하는 것이 좋습니다. 부정적인 행동을 하면 벌을 받는다는 말보다 바람직한 행동을 하면 상을 받는다는 말이 훨씬 더 효과적입니다. 무조건 야단을 치지 말라는 것은 아닙니다. 잘못한 일은 잘못했음을 알려주되, 잘못한 행동 그 자체를 지적해야 합니다. "네가 한 일을 참을 수가 없어"라고 말해야 하는 상황인데 "더 이상 너라는 아이를 참을 수 없어"라고 말하는 것은 아닌지 생각해보아야 합니다. 또 내가 너무 흥분하고 있는 것은 아닌지, 화가 나서 더욱 과격하게 말하고 있는 것은 아닌지, 내 감정에 빠져 객관성을 잃어버린 것은 아닌지 스스로 진단해야 합니다. 자신의 감정을 조절할 줄 아는 부모 밑에서 아이는 자신감 넘치고 행복한 아이로 성장할 수 있습니다.

지금 아이에게 어떤 말투로 말하고 있는지 한번 돌아보세요. 사실 어느 부모가 자기 아이가 자존감 낮고 무기력한 사람으로 성장하길 원하겠습니까? 그러면서도 부모는 자신이 하는 말이 아이에게 어떤 상처를 입히고 이후 성장에 어떤 영향을 줄 것인지 자각하지 못하고 있습니다. 자신이 던지는 말이 그다지 심한 말이 아니라고 생각하는 것이지요. 어른에게는 아무것도 아닌 말이 아이에게는 어느 순간 날아가 꽂히는 화살이 될 수도 있습니다. 이 책은 엄마들이 무심코 내뱉는 말을 거울처럼 되돌아보게 합니다. 당신이 아이에게 내뱉은 말을 다시 한 번 그대로 들어보세요. 아이에게 고함을 지르지는 않았는지, 아이에게 건네는 말이 모두 부정문과 명령문으로만 이루어지지는 않았는지, 마치 거울을 보듯이 옆에 두고 펼쳐보세요. 과연 당신은 어떤 엄마인가요?

곽금주

서울대학교를 졸업하고 같은 대학원에서 심리학 석사, 조지워싱턴대학교 대학원에서 교육학 Ed. S., 연세대학교 대학원에서 심리학 박사학위를 취득했다. 현재 서울대학교 심리학과 교수로 재직하며 발달심리학, 생애설계심리학 등을 강의하고 있다. 1996년 '세계적인 젊은 학자상International Young Scholar Award'을 수상하였으며, 미국 국립보건원 겸임 연구원으로 활동했다. 한국심리학회 부회장, 발달심리학회 회장을 역임하였다. 저서로 『아동 심리평가와 검사』 『습관의 심리학』 『20대 심리학』이 있고 『아기들은 어떻게 배울까?』 『아동 발달심리학』 등을 우리말로 옮겼다.